ADDRESS

BOOK

• •

Letter

Address Book

NAME:

ADDRESS:

HOME: **WORK:**

CELL: **FAX:**

E-MAIL:

BIRTHDAY:

NOTES:

NAME:

ADDRESS:

HOME: **WORK:**

CELL: **FAX:**

E-MAIL:

BIRTHDAY:

NOTES:

NAME:

ADDRESS:

HOME: **WORK:**

CELL: **FAX:**

E-MAIL:

BIRTHDAY:

NOTES:

Letter

NAME:

ADDRESS:

HOME: **WORK:**

CELL: **FAX:**

E-MAIL:

BIRTHDAY:

NOTES:

Address Book

NAME:

ADDRESS:

HOME: **WORK:**

CELL: **FAX:**

E-MAIL:

BIRTHDAY:

NOTES:

NAME:

ADDRESS:

HOME: **WORK:**

CELL: **FAX:**

E-MAIL:

BIRTHDAY:

NOTES:

Address Book

Letter

NAME:

ADDRESS:

HOME: **WORK:**

CELL: **FAX:**

E-MAIL:

BIRTHDAY:

NOTES:

NAME:

ADDRESS:

HOME: **WORK:**

CELL: **FAX:**

E-MAIL:

BIRTHDAY:

NOTES:

NAME:

ADDRESS:

HOME: **WORK:**

CELL: **FAX:**

E-MAIL:

BIRTHDAY:

NOTES:

Letter

Address Book

NAME:

ADDRESS:

HOME: **WORK:**

CELL: **FAX:**

E-MAIL:

BIRTHDAY:

NOTES:

NAME:

ADDRESS:

HOME: **WORK:**

CELL: **FAX:**

E-MAIL:

BIRTHDAY:

NOTES:

NAME:

ADDRESS:

HOME: **WORK:**

CELL: **FAX:**

E-MAIL:

BIRTHDAY:

NOTES:

Letter

Address Book

NAME:

ADDRESS:

HOME: **WORK:**

CELL: **FAX:**

E-MAIL:

BIRTHDAY:

NOTES:

NAME:

ADDRESS:

HOME: **WORK:**

CELL: **FAX:**

E-MAIL:

BIRTHDAY:

NOTES:

NAME:

ADDRESS:

HOME: **WORK:**

CELL: **FAX:**

E-MAIL:

BIRTHDAY:

NOTES:

Letter

NAME:
ADDRESS:

HOME: WORK:
CELL: FAX:
E-MAIL:
BIRTHDAY:
NOTES:

Address Book

NAME:
ADDRESS:

HOME: WORK:
CELL: FAX:
E-MAIL:
BIRTHDAY:
NOTES:

NAME:
ADDRESS:

HOME: WORK:
CELL: FAX:
E-MAIL:
BIRTHDAY:
NOTES:

Letter

Address Book

NAME:

ADDRESS:

HOME: WORK:

CELL: FAX:

E-MAIL:

BIRTHDAY:

NOTES:

NAME:

ADDRESS:

HOME: WORK:

CELL: FAX:

E-MAIL:

BIRTHDAY:

NOTES:

NAME:

ADDRESS:

HOME: WORK:

CELL: FAX:

E-MAIL:

BIRTHDAY:

NOTES:

Letter

Address Book

NAME:
ADDRESS:

HOME: WORK:
CELL: FAX:
E-MAIL:
BIRTHDAY:
NOTES:

NAME:
ADDRESS:

HOME: WORK:
CELL: FAX:
E-MAIL:
BIRTHDAY:
NOTES:

NAME:
ADDRESS:

HOME: WORK:
CELL: FAX:
E-MAIL:
BIRTHDAY:
NOTES:

Address Book

Letter

NAME:

ADDRESS:

HOME: WORK:

CELL: FAX:

E-MAIL:

BIRTHDAY:

NOTES:

NAME:

ADDRESS:

HOME: WORK:

CELL: FAX:

E-MAIL:

BIRTHDAY:

NOTES:

NAME:

ADDRESS:

HOME: WORK:

CELL: FAX:

E-MAIL:

BIRTHDAY:

NOTES:

Letter

Address Book

NAME:

ADDRESS:

HOME: **WORK:**

CELL: **FAX:**

E-MAIL:

BIRTHDAY:

NOTES:

NAME:

ADDRESS:

HOME: **WORK:**

CELL: **FAX:**

E-MAIL:

BIRTHDAY:

NOTES:

NAME:

ADDRESS:

HOME: **WORK:**

CELL: **FAX:**

E-MAIL:

BIRTHDAY:

NOTES:

Letter

Address Book

NAME:
ADDRESS:

HOME: WORK:
CELL: FAX:
E-MAIL:
BIRTHDAY:
NOTES:

NAME:
ADDRESS:

HOME: WORK:
CELL: FAX:
E-MAIL:
BIRTHDAY:
NOTES:

NAME:
ADDRESS:

HOME: WORK:
CELL: FAX:
E-MAIL:
BIRTHDAY:
NOTES:

Letter

Address Book

NAME:
ADDRESS:

HOME: **WORK:**
CELL: **FAX:**
E-MAIL:
BIRTHDAY:
NOTES:

NAME:
ADDRESS:

HOME: **WORK:**
CELL: **FAX:**
E-MAIL:
BIRTHDAY:
NOTES:

NAME:
ADDRESS:

HOME: **WORK:**
CELL: **FAX:**
E-MAIL:
BIRTHDAY:
NOTES:

Letter

NAME:
ADDRESS:

HOME: **WORK:**
CELL: **FAX:**
E-MAIL:
BIRTHDAY:
NOTES:

Address Book

NAME:
ADDRESS:

HOME: **WORK:**
CELL: **FAX:**
E-MAIL:
BIRTHDAY:
NOTES:

NAME:
ADDRESS:

HOME: **WORK:**
CELL: **FAX:**
E-MAIL:
BIRTHDAY:
NOTES:

Letter

Address Book

NAME:
ADDRESS:

HOME: WORK:
CELL: FAX:
E-MAIL:
BIRTHDAY:
NOTES:

NAME:
ADDRESS:

HOME: WORK:
CELL: FAX:
E-MAIL:
BIRTHDAY:
NOTES:

NAME:
ADDRESS:

HOME: WORK:
CELL: FAX:
E-MAIL:
BIRTHDAY:
NOTES:

Letter

Address Book

NAME:
ADDRESS:

HOME: **WORK:**
CELL: **FAX:**
E-MAIL:
BIRTHDAY:
NOTES:

NAME:
ADDRESS:

HOME: **WORK:**
CELL: **FAX:**
E-MAIL:
BIRTHDAY:
NOTES:

NAME:
ADDRESS:

HOME: **WORK:**
CELL: **FAX:**
E-MAIL:
BIRTHDAY:
NOTES:

Letter

Address Book

NAME:

ADDRESS:

HOME: WORK:

CELL: FAX:

E-MAIL:

BIRTHDAY:

NOTES:

NAME:

ADDRESS:

HOME: WORK:

CELL: FAX:

E-MAIL:

BIRTHDAY:

NOTES:

NAME:

ADDRESS:

HOME: WORK:

CELL: FAX:

E-MAIL:

BIRTHDAY:

NOTES:

Letter

NAME:
ADDRESS:

HOME: **WORK:**
CELL: **FAX:**
E-MAIL:
BIRTHDAY:
NOTES:

Address Book

NAME:
ADDRESS:

HOME: **WORK:**
CELL: **FAX:**
E-MAIL:
BIRTHDAY:
NOTES:

NAME:
ADDRESS:

HOME: **WORK:**
CELL: **FAX:**
E-MAIL:
BIRTHDAY:
NOTES:

Letter

Address Book

NAME:

ADDRESS:

HOME: **WORK:**

CELL: **FAX:**

E-MAIL:

BIRTHDAY:

NOTES:

NAME:

ADDRESS:

HOME: **WORK:**

CELL: **FAX:**

E-MAIL:

BIRTHDAY:

NOTES:

NAME:

ADDRESS:

HOME: **WORK:**

CELL: **FAX:**

E-MAIL:

BIRTHDAY:

NOTES:

Letter

NAME:

ADDRESS:

HOME: **WORK:**

CELL: **FAX:**

E-MAIL:

BIRTHDAY:

NOTES:

Address Book

NAME:

ADDRESS:

HOME: **WORK:**

CELL: **FAX:**

E-MAIL:

BIRTHDAY:

NOTES:

NAME:

ADDRESS:

HOME: **WORK:**

CELL: **FAX:**

E-MAIL:

BIRTHDAY:

NOTES:

Letter

Address Book

NAME:
ADDRESS:

HOME: **WORK:**
  CELL: **FAX:**
 E-MAIL:
BIRTHDAY:
 NOTES:

NAME:
ADDRESS:

HOME: **WORK:**
  CELL: **FAX:**
 E-MAIL:
BIRTHDAY:
 NOTES:

NAME:
ADDRESS:

HOME: **WORK:**
  CELL: **FAX:**
 E-MAIL:
BIRTHDAY:
 NOTES:

Address Book

Letter

NAME:

ADDRESS:

HOME: **WORK:**

CELL: **FAX:**

E-MAIL:

BIRTHDAY:

NOTES:

NAME:

ADDRESS:

HOME: **WORK:**

CELL: **FAX:**

E-MAIL:

BIRTHDAY:

NOTES:

NAME:

ADDRESS:

HOME: **WORK:**

CELL: **FAX:**

E-MAIL:

BIRTHDAY:

NOTES:

Letter

Address Book

NAME:
ADDRESS:

HOME: **WORK:**
CELL: **FAX:**
E-MAIL:
BIRTHDAY:
NOTES:

NAME:
ADDRESS:

HOME: **WORK:**
CELL: **FAX:**
E-MAIL:
BIRTHDAY:
NOTES:

NAME:
ADDRESS:

HOME: **WORK:**
CELL: **FAX:**
E-MAIL:
BIRTHDAY:
NOTES:

Letter

NAME:
ADDRESS:

HOME: **WORK:**
CELL: **FAX:**
E-MAIL:
BIRTHDAY:
NOTES:

Address Book

NAME:
ADDRESS:

HOME: **WORK:**
CELL: **FAX:**
E-MAIL:
BIRTHDAY:
NOTES:

NAME:
ADDRESS:

HOME: **WORK:**
CELL: **FAX:**
E-MAIL:
BIRTHDAY:
NOTES:

Letter

Address Book

NAME:

ADDRESS:

HOME: **WORK:**

CELL: **FAX:**

E-MAIL:

BIRTHDAY:

NOTES:

NAME:

ADDRESS:

HOME: **WORK:**

CELL: **FAX:**

E-MAIL:

BIRTHDAY:

NOTES:

NAME:

ADDRESS:

HOME: **WORK:**

CELL: **FAX:**

E-MAIL:

BIRTHDAY:

NOTES:

Letter

NAME:
ADDRESS:

HOME: **WORK:**
CELL: **FAX:**
E-MAIL:
BIRTHDAY:
NOTES:

Address Book

NAME:
ADDRESS:

HOME: **WORK:**
CELL: **FAX:**
E-MAIL:
BIRTHDAY:
NOTES:

NAME:
ADDRESS:

HOME: **WORK:**
CELL: **FAX:**
E-MAIL:
BIRTHDAY:
NOTES:

Letter

Address Book

NAME:
ADDRESS:

HOME: **WORK:**
CELL: **FAX:**
E-MAIL:
BIRTHDAY:
NOTES:

NAME:
ADDRESS:

HOME: **WORK:**
CELL: **FAX:**
E-MAIL:
BIRTHDAY:
NOTES:

NAME:
ADDRESS:

HOME: **WORK:**
CELL: **FAX:**
E-MAIL:
BIRTHDAY:
NOTES:

Letter

Address Book

NAME:

ADDRESS:

HOME: **WORK:**

CELL: **FAX:**

E-MAIL:

BIRTHDAY:

NOTES:

NAME:

ADDRESS:

HOME: **WORK:**

CELL: **FAX:**

E-MAIL:

BIRTHDAY:

NOTES:

NAME:

ADDRESS:

HOME: **WORK:**

CELL: **FAX:**

E-MAIL:

BIRTHDAY:

NOTES:

Letter

Address Book

NAME:

ADDRESS:

HOME: **WORK:**

CELL: **FAX:**

E-MAIL:

BIRTHDAY:

NOTES:

NAME:

ADDRESS:

HOME: **WORK:**

CELL: **FAX:**

E-MAIL:

BIRTHDAY:

NOTES:

NAME:

ADDRESS:

HOME: **WORK:**

CELL: **FAX:**

E-MAIL:

BIRTHDAY:

NOTES:

Letter

Address Book

NAME:
ADDRESS:

HOME: **WORK:**
CELL: **FAX:**
E-MAIL:
BIRTHDAY:
NOTES:

NAME:
ADDRESS:

HOME: **WORK:**
CELL: **FAX:**
E-MAIL:
BIRTHDAY:
NOTES:

NAME:
ADDRESS:

HOME: **WORK:**
CELL: **FAX:**
E-MAIL:
BIRTHDAY:
NOTES:

Letter

Address Book

NAME:
ADDRESS:

HOME: **WORK:**
CELL: **FAX:**
E-MAIL:
BIRTHDAY:
NOTES:

NAME:
ADDRESS:

HOME: **WORK:**
CELL: **FAX:**
E-MAIL:
BIRTHDAY:
NOTES:

NAME:
ADDRESS:

HOME: **WORK:**
CELL: **FAX:**
E-MAIL:
BIRTHDAY:
NOTES:

Letter

Address Book

NAME:

ADDRESS:

HOME: WORK:

CELL: FAX:

E-MAIL:

BIRTHDAY:

NOTES:

NAME:

ADDRESS:

HOME: WORK:

CELL: FAX:

E-MAIL:

BIRTHDAY:

NOTES:

NAME:

ADDRESS:

HOME: WORK:

CELL: FAX:

E-MAIL:

BIRTHDAY:

NOTES:

Letter

Address Book

NAME:

ADDRESS:

HOME: **WORK:**

CELL: **FAX:**

E-MAIL:

BIRTHDAY:

NOTES:

NAME:

ADDRESS:

HOME: **WORK:**

CELL: **FAX:**

E-MAIL:

BIRTHDAY:

NOTES:

NAME:

ADDRESS:

HOME: **WORK:**

CELL: **FAX:**

E-MAIL:

BIRTHDAY:

NOTES:

Letter

Address Book

NAME:
ADDRESS:

HOME: WORK:
CELL: FAX:
E-MAIL:
BIRTHDAY:
NOTES:

NAME:
ADDRESS:

HOME: WORK:
CELL: FAX:
E-MAIL:
BIRTHDAY:
NOTES:

NAME:
ADDRESS:

HOME: WORK:
CELL: FAX:
E-MAIL:
BIRTHDAY:
NOTES:

Letter

Address Book

NAME:

ADDRESS:

HOME: **WORK:**

CELL: **FAX:**

E-MAIL:

BIRTHDAY:

NOTES:

NAME:

ADDRESS:

HOME: **WORK:**

CELL: **FAX:**

E-MAIL:

BIRTHDAY:

NOTES:

NAME:

ADDRESS:

HOME: **WORK:**

CELL: **FAX:**

E-MAIL:

BIRTHDAY:

NOTES:

Letter

Address Book

NAME:

ADDRESS:

HOME: **WORK:**

CELL: **FAX:**

E-MAIL:

BIRTHDAY:

NOTES:

NAME:

ADDRESS:

HOME: **WORK:**

CELL: **FAX:**

E-MAIL:

BIRTHDAY:

NOTES:

NAME:

ADDRESS:

HOME: **WORK:**

CELL: **FAX:**

E-MAIL:

BIRTHDAY:

NOTES:

Letter

Address Book

NAME:

ADDRESS:

HOME: WORK:

CELL: FAX:

E-MAIL:

BIRTHDAY:

NOTES:

NAME:

ADDRESS:

HOME: WORK:

CELL: FAX:

E-MAIL:

BIRTHDAY:

NOTES:

NAME:

ADDRESS:

HOME: WORK:

CELL: FAX:

E-MAIL:

BIRTHDAY:

NOTES:

Letter

NAME:
ADDRESS:

HOME: WORK:
CELL: FAX:
E-MAIL:
BIRTHDAY:
NOTES:

Address Book

NAME:
ADDRESS:

HOME: WORK:
CELL: FAX:
E-MAIL:
BIRTHDAY:
NOTES:

NAME:
ADDRESS:

HOME: WORK:
CELL: FAX:
E-MAIL:
BIRTHDAY:
NOTES:

Letter

Address Book

NAME:

ADDRESS:

HOME: WORK:

CELL: FAX:

E-MAIL:

BIRTHDAY:

NOTES:

NAME:

ADDRESS:

HOME: WORK:

CELL: FAX:

E-MAIL:

BIRTHDAY:

NOTES:

NAME:

ADDRESS:

HOME: WORK:

CELL: FAX:

E-MAIL:

BIRTHDAY:

NOTES:

Letter

Address Book

NAME:

ADDRESS:

HOME: **WORK:**

CELL: **FAX:**

E-MAIL:

BIRTHDAY:

NOTES:

NAME:

ADDRESS:

HOME: **WORK:**

CELL: **FAX:**

E-MAIL:

BIRTHDAY:

NOTES:

NAME:

ADDRESS:

HOME: **WORK:**

CELL: **FAX:**

E-MAIL:

BIRTHDAY:

NOTES:

Letter

Address Book

NAME:
ADDRESS:

HOME: **WORK:**
CELL: **FAX:**
E-MAIL:
BIRTHDAY:
NOTES:

NAME:
ADDRESS:

HOME: **WORK:**
CELL: **FAX:**
E-MAIL:
BIRTHDAY:
NOTES:

NAME:
ADDRESS:

HOME: **WORK:**
CELL: **FAX:**
E-MAIL:
BIRTHDAY:
NOTES:

Letter

Address Book

NAME:
ADDRESS:

HOME: WORK:
CELL: FAX:
E-MAIL:
BIRTHDAY:
NOTES:

NAME:
ADDRESS:

HOME: WORK:
CELL: FAX:
E-MAIL:
BIRTHDAY:
NOTES:

NAME:
ADDRESS:

HOME: WORK:
CELL: FAX:
E-MAIL:
BIRTHDAY:
NOTES:

Letter

NAME:
ADDRESS:

HOME: **WORK:**
CELL: **FAX:**
E-MAIL:
BIRTHDAY:
NOTES:

Address Book

NAME:
ADDRESS:

HOME: **WORK:**
CELL: **FAX:**
E-MAIL:
BIRTHDAY:
NOTES:

NAME:
ADDRESS:

HOME: **WORK:**
CELL: **FAX:**
E-MAIL:
BIRTHDAY:
NOTES:

Letter

NAME:
ADDRESS:

HOME: WORK:
CELL: FAX:
E-MAIL:
BIRTHDAY:
NOTES:

Address Book

NAME:
ADDRESS:

HOME: WORK:
CELL: FAX:
E-MAIL:
BIRTHDAY:
NOTES:

NAME:
ADDRESS:

HOME: WORK:
CELL: FAX:
E-MAIL:
BIRTHDAY:
NOTES:

Letter

Address Book

NAME:
ADDRESS:

HOME: WORK:
CELL: FAX:
E-MAIL:
BIRTHDAY:
NOTES:

NAME:
ADDRESS:

HOME: WORK:
CELL: FAX:
E-MAIL:
BIRTHDAY:
NOTES:

NAME:
ADDRESS:

HOME: WORK:
CELL: FAX:
E-MAIL:
BIRTHDAY:
NOTES:

Letter

NAME:
ADDRESS:

HOME: **WORK:**
CELL: **FAX:**
E-MAIL:
BIRTHDAY:
NOTES:

Address Book

NAME:
ADDRESS:

HOME: **WORK:**
CELL: **FAX:**
E-MAIL:
BIRTHDAY:
NOTES:

NAME:
ADDRESS:

HOME: **WORK:**
CELL: **FAX:**
E-MAIL:
BIRTHDAY:
NOTES:

Letter

Address Book

NAME:
ADDRESS:

HOME: WORK:
CELL: FAX:
E-MAIL:
BIRTHDAY:
NOTES:

NAME:
ADDRESS:

HOME: WORK:
CELL: FAX:
E-MAIL:
BIRTHDAY:
NOTES:

NAME:
ADDRESS:

HOME: WORK:
CELL: FAX:
E-MAIL:
BIRTHDAY:
NOTES:

Letter

Address Book

NAME:
ADDRESS:

HOME: WORK:
CELL: FAX:
E-MAIL:
BIRTHDAY:
NOTES:

NAME:
ADDRESS:

HOME: WORK:
CELL: FAX:
E-MAIL:
BIRTHDAY:
NOTES:

NAME:
ADDRESS:

HOME: WORK:
CELL: FAX:
E-MAIL:
BIRTHDAY:
NOTES:

Letter

Address Book

NAME:

ADDRESS:

HOME:

WORK:

CELL:

FAX:

E-MAIL:

BIRTHDAY:

NOTES:

NAME:

ADDRESS:

HOME:

WORK:

CELL:

FAX:

E-MAIL:

BIRTHDAY:

NOTES:

NAME:

ADDRESS:

HOME:

WORK:

CELL:

FAX:

E-MAIL:

BIRTHDAY:

NOTES:

Address Book

Letter

NAME:

ADDRESS:

HOME: **WORK:**

CELL: **FAX:**

E-MAIL:

BIRTHDAY:

NOTES:

NAME:

ADDRESS:

HOME: **WORK:**

CELL: **FAX:**

E-MAIL:

BIRTHDAY:

NOTES:

NAME:

ADDRESS:

HOME: **WORK:**

CELL: **FAX:**

E-MAIL:

BIRTHDAY:

NOTES:

Letter

NAME:
ADDRESS:

HOME: WORK:
  CELL: FAX:
E-MAIL:
BIRTHDAY:
NOTES:

Address Book

NAME:
ADDRESS:

HOME: WORK:
  CELL: FAX:
E-MAIL:
BIRTHDAY:
NOTES:

NAME:
ADDRESS:

HOME: WORK:
  CELL: FAX:
E-MAIL:
BIRTHDAY:
NOTES:

Letter

Address Book

NAME:
ADDRESS:

HOME: WORK:
CELL: FAX:
E-MAIL:
BIRTHDAY:
NOTES:

NAME:
ADDRESS:

HOME: WORK:
CELL: FAX:
E-MAIL:
BIRTHDAY:
NOTES:

NAME:
ADDRESS:

HOME: WORK:
CELL: FAX:
E-MAIL:
BIRTHDAY:
NOTES:

Letter

NAME:
ADDRESS:

HOME: **WORK:**
CELL: **FAX:**
E-MAIL:
BIRTHDAY:
NOTES:

Address Book

NAME:
ADDRESS:

HOME: **WORK:**
CELL: **FAX:**
E-MAIL:
BIRTHDAY:
NOTES:

NAME:
ADDRESS:

HOME: **WORK:**
CELL: **FAX:**
E-MAIL:
BIRTHDAY:
NOTES:

Letter

Address Book

NAME:

ADDRESS:

HOME: **WORK:**

CELL: **FAX:**

E-MAIL:

BIRTHDAY:

NOTES:

NAME:

ADDRESS:

HOME: **WORK:**

CELL: **FAX:**

E-MAIL:

BIRTHDAY:

NOTES:

NAME:

ADDRESS:

HOME: **WORK:**

CELL: **FAX:**

E-MAIL:

BIRTHDAY:

NOTES:

Letter

Address Book

NAME:
ADDRESS:

HOME: **WORK:**
CELL: **FAX:**
E-MAIL:
BIRTHDAY:
NOTES:

NAME:
ADDRESS:

HOME: **WORK:**
CELL: **FAX:**
E-MAIL:
BIRTHDAY:
NOTES:

NAME:
ADDRESS:

HOME: **WORK:**
CELL: **FAX:**
E-MAIL:
BIRTHDAY:
NOTES:

Letter

Address Book

NAME:

ADDRESS:

HOME: **WORK:**

CELL: **FAX:**

E-MAIL:

BIRTHDAY:

NOTES:

NAME:

ADDRESS:

HOME: **WORK:**

CELL: **FAX:**

E-MAIL:

BIRTHDAY:

NOTES:

NAME:

ADDRESS:

HOME: **WORK:**

CELL: **FAX:**

E-MAIL:

BIRTHDAY:

NOTES:

Letter

Address Book

NAME:

ADDRESS:

HOME: **WORK:**

CELL: **FAX:**

E-MAIL:

BIRTHDAY:

NOTES:

NAME:

ADDRESS:

HOME: **WORK:**

CELL: **FAX:**

E-MAIL:

BIRTHDAY:

NOTES:

NAME:

ADDRESS:

HOME: **WORK:**

CELL: **FAX:**

E-MAIL:

BIRTHDAY:

NOTES:

Address Book *Letter*

NAME:
ADDRESS:

HOME: **WORK:**
CELL: **FAX:**
E-MAIL:
BIRTHDAY:
NOTES:

NAME:
ADDRESS:

HOME: **WORK:**
CELL: **FAX:**
E-MAIL:
BIRTHDAY:
NOTES:

NAME:
ADDRESS:

HOME: **WORK:**
CELL: **FAX:**
E-MAIL:
BIRTHDAY:
NOTES:

Letter

Address Book

NAME:

ADDRESS:

HOME: WORK:

CELL: FAX:

E-MAIL:

BIRTHDAY:

NOTES:

NAME:

ADDRESS:

HOME: WORK:

CELL: FAX:

E-MAIL:

BIRTHDAY:

NOTES:

NAME:

ADDRESS:

HOME: WORK:

CELL: FAX:

E-MAIL:

BIRTHDAY:

NOTES:

Letter

Address Book

NAME:
ADDRESS:

HOME: **WORK:**
CELL: **FAX:**
E-MAIL:
BIRTHDAY:
NOTES:

NAME:
ADDRESS:

HOME: **WORK:**
CELL: **FAX:**
E-MAIL:
BIRTHDAY:
NOTES:

NAME:
ADDRESS:

HOME: **WORK:**
CELL: **FAX:**
E-MAIL:
BIRTHDAY:
NOTES:

Letter

Address Book

NAME:
ADDRESS:

HOME: **WORK:**
CELL: **FAX:**
E-MAIL:
BIRTHDAY:
NOTES:

NAME:
ADDRESS:

HOME: **WORK:**
CELL: **FAX:**
E-MAIL:
BIRTHDAY:
NOTES:

NAME:
ADDRESS:

HOME: **WORK:**
CELL: **FAX:**
E-MAIL:
BIRTHDAY:
NOTES:

Letter

Address Book

NAME:

ADDRESS:

HOME: WORK:

CELL: FAX:

E-MAIL:

BIRTHDAY:

NOTES:

NAME:

ADDRESS:

HOME: WORK:

CELL: FAX:

E-MAIL:

BIRTHDAY:

NOTES:

NAME:

ADDRESS:

HOME: WORK:

CELL: FAX:

E-MAIL:

BIRTHDAY:

NOTES:

Letter

NAME:
ADDRESS:

HOME: **WORK:**
CELL: **FAX:**
E-MAIL:
BIRTHDAY:
NOTES:

Address Book

NAME:
ADDRESS:

HOME: **WORK:**
CELL: **FAX:**
E-MAIL:
BIRTHDAY:
NOTES:

NAME:
ADDRESS:

HOME: **WORK:**
CELL: **FAX:**
E-MAIL:
BIRTHDAY:
NOTES:

Letter

Address Book

NAME:
ADDRESS:

HOME: WORK:
CELL: FAX:
E-MAIL:
BIRTHDAY:
NOTES:

NAME:
ADDRESS:

HOME: WORK:
CELL: FAX:
E-MAIL:
BIRTHDAY:
NOTES:

NAME:
ADDRESS:

HOME: WORK:
CELL: FAX:
E-MAIL:
BIRTHDAY:
NOTES:

Letter

Address Book

NAME:
ADDRESS:

HOME: **WORK:**
 CELL: **FAX:**
 E-MAIL:
BIRTHDAY:
NOTES:

NAME:
ADDRESS:

HOME: **WORK:**
 CELL: **FAX:**
 E-MAIL:
BIRTHDAY:
NOTES:

NAME:
ADDRESS:

HOME: **WORK:**
 CELL: **FAX:**
 E-MAIL:
BIRTHDAY:
NOTES:

Letter

Address Book

NAME:

ADDRESS:

HOME: WORK:

CELL: FAX:

E-MAIL:

BIRTHDAY:

NOTES:

NAME:

ADDRESS:

HOME: WORK:

CELL: FAX:

E-MAIL:

BIRTHDAY:

NOTES:

NAME:

ADDRESS:

HOME: WORK:

CELL: FAX:

E-MAIL:

BIRTHDAY:

NOTES:

Letter

Address Book

NAME:
ADDRESS:

HOME: **WORK:**
CELL: **FAX:**
E-MAIL:
BIRTHDAY:
NOTES:

NAME:
ADDRESS:

HOME: **WORK:**
CELL: **FAX:**
E-MAIL:
BIRTHDAY:
NOTES:

NAME:
ADDRESS:

HOME: **WORK:**
CELL: **FAX:**
E-MAIL:
BIRTHDAY:
NOTES:

Letter

Address Book

NAME:
ADDRESS:

HOME: WORK:
CELL: FAX:
E-MAIL:
BIRTHDAY:
NOTES:

NAME:
ADDRESS:

HOME: WORK:
CELL: FAX:
E-MAIL:
BIRTHDAY:
NOTES:

NAME:
ADDRESS:

HOME: WORK:
CELL: FAX:
E-MAIL:
BIRTHDAY:
NOTES:

Letter

Address Book

NAME:
ADDRESS:

HOME: WORK:
CELL: FAX:
E-MAIL:
BIRTHDAY:
NOTES:

NAME:
ADDRESS:

HOME: WORK:
CELL: FAX:
E-MAIL:
BIRTHDAY:
NOTES:

NAME:
ADDRESS:

HOME: WORK:
CELL: FAX:
E-MAIL:
BIRTHDAY:
NOTES:

Letter

NAME:

ADDRESS:

HOME: **WORK:**

CELL: **FAX:**

E-MAIL:

BIRTHDAY:

NOTES:

Address Book

NAME:

ADDRESS:

HOME: **WORK:**

CELL: **FAX:**

E-MAIL:

BIRTHDAY:

NOTES:

NAME:

ADDRESS:

HOME: **WORK:**

CELL: **FAX:**

E-MAIL:

BIRTHDAY:

NOTES:

Letter

NAME:
ADDRESS:

HOME: WORK:
CELL: FAX:
E-MAIL:
BIRTHDAY:
NOTES:

Address Book

NAME:
ADDRESS:

HOME: WORK:
CELL: FAX:
E-MAIL:
BIRTHDAY:
NOTES:

NAME:
ADDRESS:

HOME: WORK:
CELL: FAX:
E-MAIL:
BIRTHDAY:
NOTES:

Letter

Address Book

NAME:
ADDRESS:

HOME: **WORK:**
CELL: **FAX:**
E-MAIL:
BIRTHDAY:
NOTES:

NAME:
ADDRESS:

HOME: **WORK:**
CELL: **FAX:**
E-MAIL:
BIRTHDAY:
NOTES:

NAME:
ADDRESS:

HOME: **WORK:**
CELL: **FAX:**
E-MAIL:
BIRTHDAY:
NOTES:

Letter

Address Book

NAME:
ADDRESS:

HOME: **WORK:**
CELL: **FAX:**
E-MAIL:
BIRTHDAY:
NOTES:

NAME:
ADDRESS:

HOME: **WORK:**
CELL: **FAX:**
E-MAIL:
BIRTHDAY:
NOTES:

NAME:
ADDRESS:

HOME: **WORK:**
CELL: **FAX:**
E-MAIL:
BIRTHDAY:
NOTES:

Letter

NAME:
ADDRESS:

HOME: **WORK:**
CELL: **FAX:**
E-MAIL:
BIRTHDAY:
NOTES:

Address Book

NAME:
ADDRESS:

HOME: **WORK:**
CELL: **FAX:**
E-MAIL:
BIRTHDAY:
NOTES:

NAME:
ADDRESS:

HOME: **WORK:**
CELL: **FAX:**
E-MAIL:
BIRTHDAY:
NOTES:

Letter

Address Book

NAME:
ADDRESS:

HOME: **WORK:**
CELL: **FAX:**
E-MAIL:
BIRTHDAY:
NOTES:

NAME:
ADDRESS:

HOME: **WORK:**
CELL: **FAX:**
E-MAIL:
BIRTHDAY:
NOTES:

NAME:
ADDRESS:

HOME: **WORK:**
CELL: **FAX:**
E-MAIL:
BIRTHDAY:
NOTES:

Letter

Address Book

NAME:

ADDRESS:

HOME: WORK:

CELL: FAX:

E-MAIL:

BIRTHDAY:

NOTES:

NAME:

ADDRESS:

HOME: WORK:

CELL: FAX:

E-MAIL:

BIRTHDAY:

NOTES:

NAME:

ADDRESS:

HOME: WORK:

CELL: FAX:

E-MAIL:

BIRTHDAY:

NOTES:

Letter

Address Book

NAME:

ADDRESS:

HOME: **WORK:**

CELL: **FAX:**

E-MAIL:

BIRTHDAY:

NOTES:

NAME:

ADDRESS:

HOME: **WORK:**

CELL: **FAX:**

E-MAIL:

BIRTHDAY:

NOTES:

NAME:

ADDRESS:

HOME: **WORK:**

CELL: **FAX:**

E-MAIL:

BIRTHDAY:

NOTES:

Letter

NAME:

ADDRESS:

HOME: **WORK:**

CELL: **FAX:**

E-MAIL:

BIRTHDAY:

NOTES:

Address Book

NAME:

ADDRESS:

HOME: **WORK:**

CELL: **FAX:**

E-MAIL:

BIRTHDAY:

NOTES:

NAME:

ADDRESS:

HOME: **WORK:**

CELL: **FAX:**

E-MAIL:

BIRTHDAY:

NOTES:

Letter

Address Book

NAME:

ADDRESS:

HOME: WORK:

CELL: FAX:

E-MAIL:

BIRTHDAY:

NOTES:

NAME:

ADDRESS:

HOME: WORK:

CELL: FAX:

E-MAIL:

BIRTHDAY:

NOTES:

NAME:

ADDRESS:

HOME: WORK:

CELL: FAX:

E-MAIL:

BIRTHDAY:

NOTES:

Letter

NAME:

ADDRESS:

HOME: **WORK:**

CELL: **FAX:**

E-MAIL:

BIRTHDAY:

NOTES:

Address Book

NAME:

ADDRESS:

HOME: **WORK:**

CELL: **FAX:**

E-MAIL:

BIRTHDAY:

NOTES:

NAME:

ADDRESS:

HOME: **WORK:**

CELL: **FAX:**

E-MAIL:

BIRTHDAY:

NOTES:

Letter

Address Book

NAME:
ADDRESS:

HOME: WORK:
CELL: FAX:
E-MAIL:
BIRTHDAY:
NOTES:

NAME:
ADDRESS:

HOME: WORK:
CELL: FAX:
E-MAIL:
BIRTHDAY:
NOTES:

NAME:
ADDRESS:

HOME: WORK:
CELL: FAX:
E-MAIL:
BIRTHDAY:
NOTES:

Letter

Address Book

NAME:
ADDRESS:

HOME: **WORK:**
CELL: **FAX:**
E-MAIL:
BIRTHDAY:
NOTES:

NAME:
ADDRESS:

HOME: **WORK:**
CELL: **FAX:**
E-MAIL:
BIRTHDAY:
NOTES:

NAME:
ADDRESS:

HOME: **WORK:**
CELL: **FAX:**
E-MAIL:
BIRTHDAY:
NOTES:

Letter

Address Book

NAME:

ADDRESS:

HOME: WORK:

CELL: FAX:

E-MAIL:

BIRTHDAY:

NOTES:

NAME:

ADDRESS:

HOME: WORK:

CELL: FAX:

E-MAIL:

BIRTHDAY:

NOTES:

NAME:

ADDRESS:

HOME: WORK:

CELL: FAX:

E-MAIL:

BIRTHDAY:

NOTES:

Letter

Address Book

NAME:

ADDRESS:

HOME: **WORK:**

CELL: **FAX:**

E-MAIL:

BIRTHDAY:

NOTES:

NAME:

ADDRESS:

HOME: **WORK:**

CELL: **FAX:**

E-MAIL:

BIRTHDAY:

NOTES:

NAME:

ADDRESS:

HOME: **WORK:**

CELL: **FAX:**

E-MAIL:

BIRTHDAY:

NOTES:

Letter

Address Book

NAME:
ADDRESS:

HOME: **WORK:**
CELL: **FAX:**
E-MAIL:
BIRTHDAY:
NOTES:

NAME:
ADDRESS:

HOME: **WORK:**
CELL: **FAX:**
E-MAIL:
BIRTHDAY:
NOTES:

NAME:
ADDRESS:

HOME: **WORK:**
CELL: **FAX:**
E-MAIL:
BIRTHDAY:
NOTES:

Address Book

Letter

NAME:

ADDRESS:

HOME: **WORK:**

CELL: **FAX:**

E-MAIL:

BIRTHDAY:

NOTES:

NAME:

ADDRESS:

HOME: **WORK:**

CELL: **FAX:**

E-MAIL:

BIRTHDAY:

NOTES:

NAME:

ADDRESS:

HOME: **WORK:**

CELL: **FAX:**

E-MAIL:

BIRTHDAY:

NOTES:

Letter

Address Book

NAME:
ADDRESS:

HOME: **WORK:**
CELL: **FAX:**
E-MAIL:
BIRTHDAY:
NOTES:

NAME:
ADDRESS:

HOME: **WORK:**
CELL: **FAX:**
E-MAIL:
BIRTHDAY:
NOTES:

NAME:
ADDRESS:

HOME: **WORK:**
CELL: **FAX:**
E-MAIL:
BIRTHDAY:
NOTES:

Letter

NAME:
ADDRESS:

HOME: **WORK:**
CELL: **FAX:**
E-MAIL:
BIRTHDAY:
NOTES:

Address Book

NAME:
ADDRESS:

HOME: **WORK:**
CELL: **FAX:**
E-MAIL:
BIRTHDAY:
NOTES:

NAME:
ADDRESS:

HOME: **WORK:**
CELL: **FAX:**
E-MAIL:
BIRTHDAY:
NOTES:

Letter

Address Book

NAME:	
ADDRESS:	
HOME:	WORK:
CELL:	FAX:
E-MAIL:	
BIRTHDAY:	
NOTES:	

NAME:	
ADDRESS:	
HOME:	WORK:
CELL:	FAX:
E-MAIL:	
BIRTHDAY:	
NOTES:	

NAME:	
ADDRESS:	
HOME:	WORK:
CELL:	FAX:
E-MAIL:	
BIRTHDAY:	
NOTES:	

Address Book

Letter

NAME:

ADDRESS:

HOME: **WORK:**

CELL: **FAX:**

E-MAIL:

BIRTHDAY:

NOTES:

NAME:

ADDRESS:

HOME: **WORK:**

CELL: **FAX:**

E-MAIL:

BIRTHDAY:

NOTES:

NAME:

ADDRESS:

HOME: **WORK:**

CELL: **FAX:**

E-MAIL:

BIRTHDAY:

NOTES:

Letter

Address Book

NAME:
ADDRESS:

HOME: **WORK:**
CELL: **FAX:**
E-MAIL:
BIRTHDAY:
NOTES:

NAME:
ADDRESS:

HOME: **WORK:**
CELL: **FAX:**
E-MAIL:
BIRTHDAY:
NOTES:

NAME:
ADDRESS:

HOME: **WORK:**
CELL: **FAX:**
E-MAIL:
BIRTHDAY:
NOTES:

Letter

Address Book

NAME:
ADDRESS:

HOME: **WORK:**
CELL: **FAX:**
E-MAIL:
BIRTHDAY:
NOTES:

NAME:
ADDRESS:

HOME: **WORK:**
CELL: **FAX:**
E-MAIL:
BIRTHDAY:
NOTES:

NAME:
ADDRESS:

HOME: **WORK:**
CELL: **FAX:**
E-MAIL:
BIRTHDAY:
NOTES:

Letter

Address Book

NAME:
ADDRESS:

HOME: **WORK:**
CELL: **FAX:**
E-MAIL:
BIRTHDAY:
NOTES:

NAME:
ADDRESS:

HOME: **WORK:**
CELL: **FAX:**
E-MAIL:
BIRTHDAY:
NOTES:

NAME:
ADDRESS:

HOME: **WORK:**
CELL: **FAX:**
E-MAIL:
BIRTHDAY:
NOTES:

Letter

Address Book

NAME:

ADDRESS:

HOME: **WORK:**

CELL: **FAX:**

E-MAIL:

BIRTHDAY:

NOTES:

NAME:

ADDRESS:

HOME: **WORK:**

CELL: **FAX:**

E-MAIL:

BIRTHDAY:

NOTES:

NAME:

ADDRESS:

HOME: **WORK:**

CELL: **FAX:**

E-MAIL:

BIRTHDAY:

NOTES:

Letter

Address Book

NAME:

ADDRESS:

HOME: **WORK:**

CELL: **FAX:**

E-MAIL:

BIRTHDAY:

NOTES:

NAME:

ADDRESS:

HOME: **WORK:**

CELL: **FAX:**

E-MAIL:

BIRTHDAY:

NOTES:

NAME:

ADDRESS:

HOME: **WORK:**

CELL: **FAX:**

E-MAIL:

BIRTHDAY:

NOTES:

Letter

Address Book

NAME:
ADDRESS:

HOME: **WORK:**
CELL: **FAX:**
E-MAIL:
BIRTHDAY:
NOTES:

NAME:
ADDRESS:

HOME: **WORK:**
CELL: **FAX:**
E-MAIL:
BIRTHDAY:
NOTES:

NAME:
ADDRESS:

HOME: **WORK:**
CELL: **FAX:**
E-MAIL:
BIRTHDAY:
NOTES:

Letter

Address Book

NAME:
ADDRESS:

HOME: WORK:
CELL: FAX:
E-MAIL:
BIRTHDAY:
NOTES:

NAME:
ADDRESS:

HOME: WORK:
CELL: FAX:
E-MAIL:
BIRTHDAY:
NOTES:

NAME:
ADDRESS:

HOME: WORK:
CELL: FAX:
E-MAIL:
BIRTHDAY:
NOTES:

Address Book

Letter

NAME:

ADDRESS:

HOME: **WORK:**

CELL: **FAX:**

E-MAIL:

BIRTHDAY:

NOTES:

NAME:

ADDRESS:

HOME: **WORK:**

CELL: **FAX:**

E-MAIL:

BIRTHDAY:

NOTES:

NAME:

ADDRESS:

HOME: **WORK:**

CELL: **FAX:**

E-MAIL:

BIRTHDAY:

NOTES:

Letter

Address Book

NAME:	
ADDRESS:	
HOME:	WORK:
CELL:	FAX:
E-MAIL:	
BIRTHDAY:	
NOTES:	

NAME:	
ADDRESS:	
HOME:	WORK:
CELL:	FAX:
E-MAIL:	
BIRTHDAY:	
NOTES:	

NAME:	
ADDRESS:	
HOME:	WORK:
CELL:	FAX:
E-MAIL:	
BIRTHDAY:	
NOTES:	

Letter

Address Book

NAME:
ADDRESS:

HOME: **WORK:**
CELL: **FAX:**
E-MAIL:
BIRTHDAY:
NOTES:

NAME:
ADDRESS:

HOME: **WORK:**
CELL: **FAX:**
E-MAIL:
BIRTHDAY:
NOTES:

NAME:
ADDRESS:

HOME: **WORK:**
CELL: **FAX:**
E-MAIL:
BIRTHDAY:
NOTES:

Letter

Address Book

NAME:
ADDRESS:

HOME: **WORK:**
CELL: **FAX:**
E-MAIL:
BIRTHDAY:
NOTES:

NAME:
ADDRESS:

HOME: **WORK:**
CELL: **FAX:**
E-MAIL:
BIRTHDAY:
NOTES:

NAME:
ADDRESS:

HOME: **WORK:**
CELL: **FAX:**
E-MAIL:
BIRTHDAY:
NOTES:

Letter

Address Book

NAME:
ADDRESS:

HOME: WORK:
CELL: FAX:
E-MAIL:
BIRTHDAY:
NOTES:

NAME:
ADDRESS:

HOME: WORK:
CELL: FAX:
E-MAIL:
BIRTHDAY:
NOTES:

NAME:
ADDRESS:

HOME: WORK:
CELL: FAX:
E-MAIL:
BIRTHDAY:
NOTES:

Letter

Address Book

NAME:
ADDRESS:

HOME: WORK:
CELL: FAX:
E-MAIL:
BIRTHDAY:
NOTES:

NAME:
ADDRESS:

HOME: WORK:
CELL: FAX:
E-MAIL:
BIRTHDAY:
NOTES:

NAME:
ADDRESS:

HOME: WORK:
CELL: FAX:
E-MAIL:
BIRTHDAY:
NOTES:

Letter

Address Book

NAME:

ADDRESS:

HOME: WORK:

CELL: FAX:

E-MAIL:

BIRTHDAY:

NOTES:

NAME:

ADDRESS:

HOME: WORK:

CELL: FAX:

E-MAIL:

BIRTHDAY:

NOTES:

NAME:

ADDRESS:

HOME: WORK:

CELL: FAX:

E-MAIL:

BIRTHDAY:

NOTES:

Letter

Address Book

NAME:

ADDRESS:

HOME: **WORK:**

CELL: **FAX:**

E-MAIL:

BIRTHDAY:

NOTES:

NAME:

ADDRESS:

HOME: **WORK:**

CELL: **FAX:**

E-MAIL:

BIRTHDAY:

NOTES:

NAME:

ADDRESS:

HOME: **WORK:**

CELL: **FAX:**

E-MAIL:

BIRTHDAY:

NOTES:

Letter

Address Book

NAME:

ADDRESS:

HOME: **WORK:**

CELL: **FAX:**

E-MAIL:

BIRTHDAY:

NOTES:

NAME:

ADDRESS:

HOME: **WORK:**

CELL: **FAX:**

E-MAIL:

BIRTHDAY:

NOTES:

NAME:

ADDRESS:

HOME: **WORK:**

CELL: **FAX:**

E-MAIL:

BIRTHDAY:

NOTES:

Letter

Address Book

NAME:
ADDRESS:

HOME: **WORK:**
CELL: **FAX:**
E-MAIL:
BIRTHDAY:
NOTES:

NAME:
ADDRESS:

HOME: **WORK:**
CELL: **FAX:**
E-MAIL:
BIRTHDAY:
NOTES:

NAME:
ADDRESS:

HOME: **WORK:**
CELL: **FAX:**
E-MAIL:
BIRTHDAY:
NOTES:

Letter

Address Book

NAME:
ADDRESS:

HOME: **WORK:**
CELL: **FAX:**
E-MAIL:
BIRTHDAY:
NOTES:

NAME:
ADDRESS:

HOME: **WORK:**
CELL: **FAX:**
E-MAIL:
BIRTHDAY:
NOTES:

NAME:
ADDRESS:

HOME: **WORK:**
CELL: **FAX:**
E-MAIL:
BIRTHDAY:
NOTES:

Letter

Address Book

NAME:

ADDRESS:

HOME: **WORK:**

CELL: **FAX:**

E-MAIL:

BIRTHDAY:

NOTES:

NAME:

ADDRESS:

HOME: **WORK:**

CELL: **FAX:**

E-MAIL:

BIRTHDAY:

NOTES:

NAME:

ADDRESS:

HOME: **WORK:**

CELL: **FAX:**

E-MAIL:

BIRTHDAY:

NOTES:

Letter

Address Book

NAME:

ADDRESS:

HOME: **WORK:**

CELL: **FAX:**

E-MAIL:

BIRTHDAY:

NOTES:

NAME:

ADDRESS:

HOME: **WORK:**

CELL: **FAX:**

E-MAIL:

BIRTHDAY:

NOTES:

NAME:

ADDRESS:

HOME: **WORK:**

CELL: **FAX:**

E-MAIL:

BIRTHDAY:

NOTES:

Letter

NAME:
ADDRESS:

HOME: **WORK:**
CELL: **FAX:**
E-MAIL:
BIRTHDAY:
NOTES:

Address Book

NAME:
ADDRESS:

HOME: **WORK:**
CELL: **FAX:**
E-MAIL:
BIRTHDAY:
NOTES:

NAME:
ADDRESS:

HOME: **WORK:**
CELL: **FAX:**
E-MAIL:
BIRTHDAY:
NOTES:

Letter

Address Book

NAME:
ADDRESS:

HOME: **WORK:**
CELL: **FAX:**
E-MAIL:
BIRTHDAY:
NOTES:

NAME:
ADDRESS:

HOME: **WORK:**
CELL: **FAX:**
E-MAIL:
BIRTHDAY:
NOTES:

NAME:
ADDRESS:

HOME: **WORK:**
CELL: **FAX:**
E-MAIL:
BIRTHDAY:
NOTES:

Letter

Address Book

NAME:

ADDRESS:

HOME: WORK:

CELL: FAX:

E-MAIL:

BIRTHDAY:

NOTES:

NAME:

ADDRESS:

HOME: WORK:

CELL: FAX:

E-MAIL:

BIRTHDAY:

NOTES:

NAME:

ADDRESS:

HOME: WORK:

CELL: FAX:

E-MAIL:

BIRTHDAY:

NOTES:

Letter

Address Book

NAME:

ADDRESS:

HOME: WORK:

CELL: FAX:

E-MAIL:

BIRTHDAY:

NOTES:

NAME:

ADDRESS:

HOME: WORK:

CELL: FAX:

E-MAIL:

BIRTHDAY:

NOTES:

NAME:

ADDRESS:

HOME: WORK:

CELL: FAX:

E-MAIL:

BIRTHDAY:

NOTES:

Letter

Address Book

NAME:
ADDRESS:

HOME: WORK:
CELL: FAX:
E-MAIL:
BIRTHDAY:
NOTES:

NAME:
ADDRESS:

HOME: WORK:
CELL: FAX:
E-MAIL:
BIRTHDAY:
NOTES:

NAME:
ADDRESS:

HOME: WORK:
CELL: FAX:
E-MAIL:
BIRTHDAY:
NOTES:

Letter

Address Book

NAME:

ADDRESS:

HOME: **WORK:**

CELL: **FAX:**

E-MAIL:

BIRTHDAY:

NOTES:

NAME:

ADDRESS:

HOME: **WORK:**

CELL: **FAX:**

E-MAIL:

BIRTHDAY:

NOTES:

NAME:

ADDRESS:

HOME: **WORK:**

CELL: **FAX:**

E-MAIL:

BIRTHDAY:

NOTES:

Letter

Address Book

NAME:
ADDRESS:

HOME: **WORK:**
CELL: **FAX:**
E-MAIL:
BIRTHDAY:
NOTES:

NAME:
ADDRESS:

HOME: **WORK:**
CELL: **FAX:**
E-MAIL:
BIRTHDAY:
NOTES:

NAME:
ADDRESS:

HOME: **WORK:**
CELL: **FAX:**
E-MAIL:
BIRTHDAY:
NOTES:

Letter

Address Book

NAME:

ADDRESS:

HOME: **WORK:**

CELL: **FAX:**

E-MAIL:

BIRTHDAY:

NOTES:

NAME:

ADDRESS:

HOME: **WORK:**

CELL: **FAX:**

E-MAIL:

BIRTHDAY:

NOTES:

NAME:

ADDRESS:

HOME: **WORK:**

CELL: **FAX:**

E-MAIL:

BIRTHDAY:

NOTES:

Letter

Address Book

NAME:

ADDRESS:

HOME: WORK:

CELL: FAX:

E-MAIL:

BIRTHDAY:

NOTES:

NAME:

ADDRESS:

HOME: WORK:

CELL: FAX:

E-MAIL:

BIRTHDAY:

NOTES:

NAME:

ADDRESS:

HOME: WORK:

CELL: FAX:

E-MAIL:

BIRTHDAY:

NOTES:

Letter

Address Book

NAME:
ADDRESS:

HOME: WORK:
CELL: FAX:
E-MAIL:
BIRTHDAY:
NOTES:

NAME:
ADDRESS:

HOME: WORK:
CELL: FAX:
E-MAIL:
BIRTHDAY:
NOTES:

NAME:
ADDRESS:

HOME: WORK:
CELL: FAX:
E-MAIL:
BIRTHDAY:
NOTES:

www.ingramcontent.com/pod-product-compliance
Lightning Source LLC
Chambersburg PA
CBHW062145060526

44654CB00050B/1567